LA HISTORIA DE
RUBY BRIDGES

LA HISTORIA DE
RUBY BRIDGES

ROBERT COLES • *ilustrado por* GEORGE FORD

SCHOLASTIC INC.

Para RUBY BRIDGES HALL
y para todos los que han hecho lo que ella hizo
por los Estados Unidos de América
—R. C.

Para mi esposa, BERNETTE,
quien revivió conmigo las terribles experiencias de Ruby
—G. F.

Originally published in English as *The Story of Ruby Bridges*

Translated by the Spanish for Heritage Speakers Class of Susquehanna University, PA,
under the guidance of Assistant Professor Mirta Suquet

ISBN 978-1-338-76749-0

10 9 8 7 6 5 4 3 2   22 23 24 25

Printed in the U.S.A.   40

This Spanish edition printing, 2021

Nuestra Ruby nos enseñó mucho.
Se convirtió en alguien que ayudó a cambiar nuestro país.
Fue parte de la historia,
igual que los generales y los presidentes, que son líderes,
como también lo fue Ruby.
Ella nos animó a dejar de odiarnos y
a conocernos los unos a los otros,
las personas blancas y las personas negras.

— LA MADRE DE RUBY

Ruby Bridges nació en una cabañita cerca de Tylertown, Misisipi.
—Éramos muy, pero que muy pobres —dice Ruby—. Mi papá trabajaba
en el campo. Apenas nos alcanzaba para sobrevivir. A veces teníamos
poca comida. Los terratenientes trajeron máquinas para recolectar la
cosecha, así que mi papá perdió su trabajo y tuvimos que mudarnos.
Recuerdo cuando nos marchamos. Tenía cuatro años, creo.

En 1957, la familia se mudó a Nueva Orleans. El padre de Ruby comenzó a trabajar como conserje y su madre cuidaba a los niños durante el día. Después de acostarlos, se iba a trabajar fregando pisos en un banco.

Todos los domingos, la familia iba a la iglesia.

—Queríamos que nuestros hijos estuvieran cerca de Dios —dice la madre de Ruby—. Que comenzaran a sentirse cerca de Él desde el principio.

En esa época, en Nueva Orleans los niños negros y los niños blancos iban a escuelas separadas. Los niños negros no recibían la misma educación que los blancos. Esto no era justo e iba en contra de las leyes de la nación.

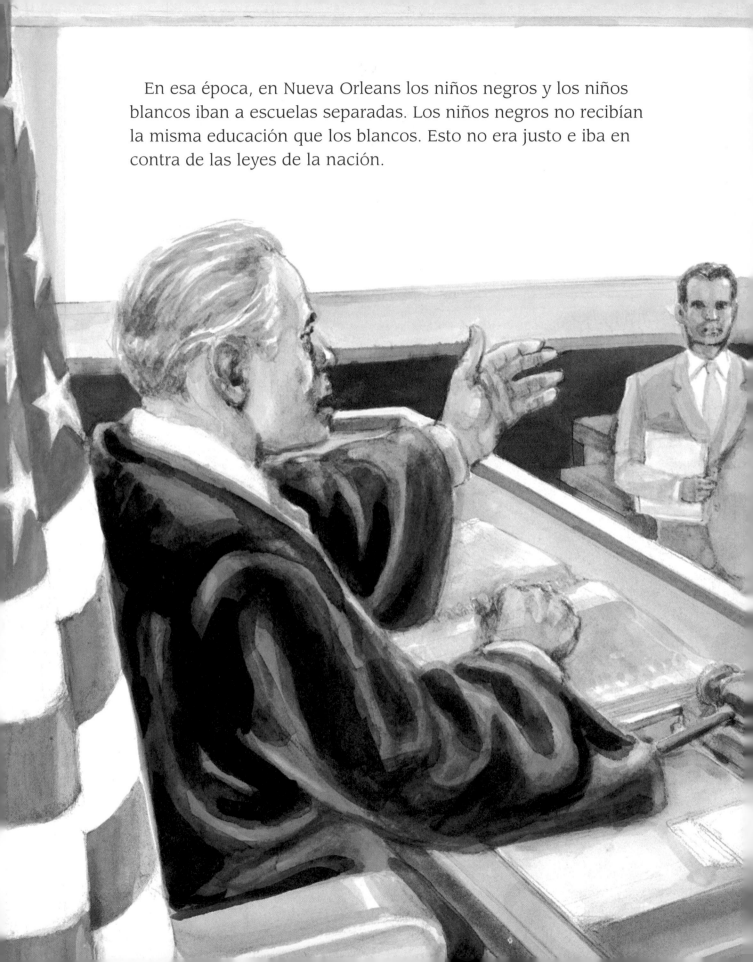

En 1960, un juez tomó la decisión de enviar a cuatro niñas negras a dos escuelas primarias para blancos. Tres de las niñas fueron enviadas a McDonogh 19, y Ruby Bridges, de seis años, fue enviada a la Escuela Primaria William Frantz para cursar el primer grado.

Los padres de Ruby fueron a la iglesia orgullosos de que su hija hubiera sido elegida para participar en un evento tan importante en la historia estadounidense.

—Nos sentamos allí y le rezamos a Dios —dice la madre de Ruby—, pidiéndole fuerza y valor para superar cualquier problema que surgiera, y para que Ruby fuera una buena niña, mantuviera la cabeza bien en alto y fuera un orgullo para su gente y para todo el pueblo estadounidense. Rezamos fervientemente durante mucho tiempo.

El primer día de clases de Ruby, una multitud de personas blancas se congregó frente a la Escuela Primaria William Frantz. Llevaban carteles que decían que no querían a niños negros en las escuelas para blancos. La gente insultaba a Ruby; algunos querían hacerle daño. Ni la policía de la ciudad ni la del estado protegieron a la niña. El presidente de Estados Unidos tuvo que mandar agentes federales a que acompañaran a Ruby a la escuela. Los agentes iban armados.

Ruby vivió esta experiencia cada día, durante semanas que se convirtieron en meses.

Iba a la escuela Frantz rodeada de agentes. Caminaba despacio las primeras cuadras, con un vestido limpio, un lazo en el pelo y una lonchera. Al acercarse a la escuela veía la multitud que marchaba por la calle. Hombres, mujeres y niños le gritaban y se lanzaban sobre ella. Los agentes los mantenían alejados de la niña amenazándolos con arrestarlos.

Ruby caminaba rápidamente por entre la multitud sin decir una palabra.

Los blancos del barrio habían decidido no enviar a sus hijos a la escuela. Cuando Ruby entraba al edificio no había nadie allí, exceptuando a la maestra, la Sra. Henry. No había otros niños que le hicieran compañía, con quienes jugar y aprender, o con quienes almorzar.

Sin embargo, todos los días Ruby iba al salón con una gran sonrisa en el rostro, lista para aprender.

—Era educada y muy aplicada —dice la Sra. Henry—. Disfrutaba estar allí; no parecía nerviosa, ni ansiosa, ni irritable, ni asustada. Se veía tan normal y relajada como cualquier otro niño al que yo le hubiera dado clases.

De este modo, Ruby comenzó a aprender a leer y escribir en un salón vacío, en un edificio vacío.

—A veces la miraba y me preguntaba cómo lo lograba —dice la Sra. Henry—. Cómo podía pasar por entre aquella multitud para luego sentarse aquí sola, aparentando estar tan relajada y cómoda.

La Sra. Henry interrogaba a Ruby para averiguar si la niña estaba realmente nerviosa o asustada a pesar de mostrarse tranquila y segura, pero Ruby seguía diciendo que estaba bien.

La maestra decidió esperar a ver si Ruby continuaba tan relajada y esperanzada o si poco a poco comenzaría a agotarse, o si incluso decidiría no ir más a la escuela.

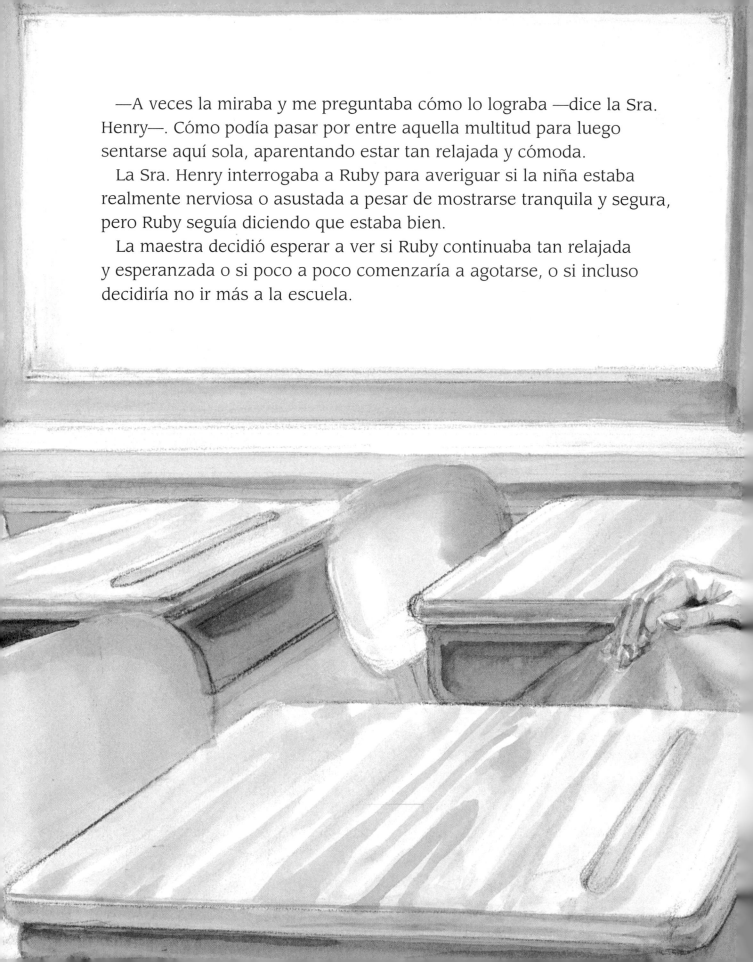

Entonces, una mañana sucedió algo. La Sra. Henry estaba parada junto a la ventana de su salón de clases, como solía hacerlo, mirando a Ruby caminar hacia la escuela. De repente, vio que la niña se detenía justo frente a la multitud que le gritaba, y se quedaba allí de pie, mirando a aquellos hombres y mujeres. Parecía estar hablando con ellos.

La Sra. Henry vio como Ruby movía los labios y se preguntó qué estaría diciendo.

La multitud parecía dispuesta a matarla.

Los agentes federales estaban asustados. Intentaron persuadir a Ruby de que siguiera adelante. Intentaron llevarla de prisa a la escuela, pero ella no se movía.

Entonces la niña dejó de hablar y entró a la escuela.

Cuando llegó al salón, la Sra. Henry le preguntó qué había pasado. La maestra le contó que la había visto por la ventana y que se sorprendió al verla detenerse y hablar con la multitud.

—No me paré a hablar con ellos —contestó Ruby, irritada.

—Ruby, te vi hablando —dijo la Sra. Henry—. Vi como movías los labios.

—No estaba hablando —respondió la niña—. Estaba rezando por ellos.

Todas las mañanas, Ruby se detenía unas cuadras antes de la escuela para rezar una oración por las personas que la odiaban. Esa mañana no se había acordado de hacerlo hasta que ya estuvo en medio de la muchedumbre furiosa.

Ese día al salir de la escuela, Ruby se apresuró a atravesar la multitud como siempre. Después de caminar unas cuadras, la gente seguía detrás de ella. La niña repitió la oración que rezaba dos veces al día, antes y después de la escuela:

Dios, por favor, trata de perdonar a estas personas
Porque, aunque digan cosas malas,
No saben lo que hacen.
Así que Tú podrías perdonarlos,
Como hace mucho tiempo perdonaste a aquellos
Que decían cosas terribles de Ti.

EPÍLOGO

A finales de ese año, dos niños blancos se sumaron a Ruby en la Escuela Primaria Frantz. Sus padres estaban cansados de ver a sus hijos hacer travesuras en la casa cuando podrían estar en la escuela aprendiendo. La multitud se enfadó mucho cuando los primeros estudiantes regresaron a la escuela, pero a aquellos muchachos pronto se les unieron otros niños.

"Nos quedamos de brazos cruzados y dejamos que nuestros hijos no recibieran educación porque un grupo de gente trató de tomarse la justicia por su mano. Es hora de que nos pongamos del lado de la ley y del derecho de nuestros hijos a asistir a la escuela y recibir educación", dijo uno de los padres.

Ruby y un número creciente de niños y niñas que fueron a la escuela con ella recibieron educación. Cuando la niña llegó a segundo grado, la gente ya había renunciado a asustarla y a revocar la orden del juez federal de que en las escuelas de Nueva Orleans los niños de todas las razas pudieran estar juntos en el mismo salón de clases. Año tras año, Ruby siguió asistiendo a la escuela Frantz hasta graduarse, y luego continuó sus estudios y se graduó de la escuela secundaria.

Ruby Bridges se casó con un contratista y tuvo cuatro hijos. Es una exitosa mujer de negocios y ha creado la Fundación Educativa Ruby Bridges, enfocada en la educación, la comunidad y el futuro de los niños de nuestra nación, y especialmente dedicada a revitalizar la Escuela Primaria William Frantz, ubicada en el corazón del Noveno Distrito en Nueva Orleans. Y una vez más, Ruby dio el paso al frente y aprovechó la oportunidad de hacer historia contribuyendo al esfuerzo de nuestra nación por recuperarse tras el impacto del huracán Katrina hace unos años.

En el Museo Infantil de Indianápolis, en Indiana, hay también una exhibición especial que presenta la historia de Ruby, llamada "El poder de los niños: Marcando la diferencia".